아내의 숲

김성찬 시집

문학의전당 시인선
376

아내의 숲

김성찬 시집

문학의전당

시인의 말

혼자서 품고 어루만졌던 말들을 세상으로 보낸다.

애초에 정갈한 말씀의 사원을 쌓고 싶었다.
위안이 되고,
따듯한 미소가 되고 싶었다.

그 제단에 나를 바치고 싶었다.
그것이 당신을 향한 내 사랑이라고 여겼다.
그러나 그건 언제나 스스로를 향한 구원이었다.

2024년 3월
김성찬

차례

제2부

제3부

제4부

제1부

토란잎

커다란 잎사귀에 담긴 넓고 푸른 하늘 바다,
그새 토란은 하늘을 닮았구나
잎새 가득 고여 흐르는 하늘빛 손금이며 덧나지 않은 생채기가 이승의 연혁을 읽어주는구나
生의 얼룩처럼 패인 텃밭 이랑
그 푸른 결로 길 열어 계절 다 지난 소낙비 세차게 안을 때
물이랑 깊이깊이 뿌리내리는 토란
자디잔 속살의 떨림

하늘 너머 수평의 해협은
수경지(水耕地)
토란 잎 넓은 잎새 물굽이 푸르다

첫봄의 노래

다들 무탈하신지요
언 땅 발톱 뽑혀 짓무르진 않으신지요
그냥 밥들은 드시고 사시는지요
그렇게 삼동 죄다 견뎠을 테지요
혹여 몸살 앓지는 않는지요
그래도 수레 끌던 이가 수레 넘겨주던 일도
보기엔 모양 좋게 매조지되었다지요
그렇게 야합하듯 사는 게 인생인 게지요
나는 암만해도 춘삼월 초입부터
꽃 몽정에 매일을 발기할 듯합니다
그렇게 살고 싶다는 거지요

지난 계절들은 많이 아팠습니다
시절에 매 맞고 서슬에 얻어터져도
젖동냥 못생긴 새끼들 보듬는 어미의 심정 닮아
세상 것들의 명줄이 참 모집니다
질리게 질기게 그렇게 다들 살라는 게지요
그런대로 바람은 불고

구석구석 죽은 것들도 들썩이겠지요
그 먼 데서 불어온 바람에 하늘이 베이고
세상은 철새 날아간 흔적에도 푸르게
울음을 토해낼 테지요

그렇게 무르익은 혹한의 밤도 무너지면
햇살 이른 봄의 언 발바닥이 가려울 거고
문풍지 떨던 바람은 비로소
한가로이 때 묻은 대청마루 문질러대겠지요
근교의 울타리는 벌써 중무장한 노랑 병아리들
이따금 산허리는 생강나무꽃이거나 산수유꽃
이른 바람에 취하듯 눈맞춤 해대곤 하겠지요
해종일을 노랗게 대취해
모처럼 나선 나들이길 만사태평이듯 접으며
돌아오는 그 발걸음 느슨하겠지요
그랬으면 하지요

공벌레의 습성으로

둥글게 몸을 만다, 완충의 비법이다
강한 충격에도 불구하고 넘칠 듯
넘치지 않는 대양 같은 점잖은 태세이다
숨 멎은 듯 움직임이 사라졌다
생존에의 질긴 습속이다
나약하지 않은 약자들끼리 체득한 처세술이다

난 그걸 내 것으로, 나의 생존술로 삼고 싶은 거다
원만구족의 처연한 자세를 배우고 싶은 거다
언제나 한마디 말이 가시가 되어 살 속에 꽂히고
끝내 지워지지 않을 아픔으로 남을
마디마디 피가 배인 듯
기억의 갈피마다 간하듯 저미어지지만
좀체 가시지 않는 그믐의 어둠 같은 깊은 상흔이지만
이젠 홀가분해지고 싶은 거다
툭 툭 떨치며 일어서고 싶은 거다

덜컹거리는 시내버스 창가에 앉아

속도가 빨라져도 아무렇지도 않은 듯
긴 몸뚱어리 공글리며
마디마디 둥글게 말아 쥐고
오늘 밤은 아픔 없이,
상흔도 없이 그렇게 귀갓길 재촉하고 싶은 거다
세상없어도 아파트 문
밝게 열어젖히고 싶은 거다

초여름, 해일 휩쓸던

바다에 뜬 집
물결 위에 내려앉은 집
뿌리마저 떠 있어 마구 흔들리는 처마 낮은 집

세상 깊은 곳으로 살구나무가 뿌리를 내렸다 밤을 새하야니 밝혀 꽃망울 부풀었다 꽃 지고 살구알 붉게 붉게 날빛으로 익어갈 즈음이었다 무성한 잎사귀의 서늘한 그늘만큼이나 짙은 해일이 마을을 엄습하였다

대낮에도 마을은 파란 공포로 덮이고 몇 채의 가옥이 수장(水葬)되고 명수 아버지의 검정 고무신이 벗기고 시내를 향하는 길이란 길은 문을 닫아걸고 닳아 해진 책가방 끈마저 손을 놓치고 수평선 너머로 달아날 때, 우리들은 여전히 휴교령과 남아도는 시간의 밑 빠진 독과 물살에 상처 입은 크고 작은 작난(作亂)에 대해 골몰하였다

해일의 벼랑은 가팔랐다 무너진 아래채 성철이 등에 이삿짐을 지게 했고 뒤안 감나무가 아랫도리를 부끄럽게 드러내

었고 막내 외삼촌의 손때 묻은 하모니카마저 등대 아래 쓸려 노래의 물기둥을 이루게 했다

바람이 멎고 시간이 볕살을 널어 세상을 말릴 때에야 물 위에 뜬 살구나무 뿌리 사이로 해마의 둥지가 서고 황어 숭어 놀래기의 알이 씨눈 까맣게 슬었다

둔덕 저편 흰제비꽃

할머니는 그예 어디 가셨나 뒤안을 돌아 푸른 핏물 철철 듣는 바닷가가 텅 비었다 방안엔 적요가 침전을 거듭하다 방을 비웠다 마당 귀퉁이 키 큰 살구나무 한 그루 하늘 울대에 모가지가 걸린 채 가지마다 발갛게 핏빛이다 정말 아무 일 없는데, 집안엔 철 이른 햇살만이 빨래를 말리는데, 손때 절어 살가운 반짇고리가 손을 놓고 아랫목을 비껴 몸져누워 있다 냉골에 뼈마디만 쑤신다는 시절은 멀리 떠나고 길은 벌써 실바람 한 줄기 앞세우고 둔덕 저편을 내닫는다 양지뜸으로 양지뜸으로 숨결 곱게, 죽음은 저리도 고운 숨결의 옷 바꿔 입는구나

둔덕 저편 홀로 고개 숙인, 저 흰제비꽃

매화꽃이 난바다로 쏟아져 내리고

잠 깬 삼월 바다 물빛 시린데, 물새 몇 마리 고향 그리듯 물빛 도화지에 등대 아래 파도 쓰다듬으며 어루만지며 움켜쥐며 자맥질하며 늦겨울의 일정을 조율하고 있었다.

매화꽃이 봄눈 내리듯 진눈깨비 퍼붓듯 먼 바다로 화락화락 쏟아지고 있었다. 어느덧 봄이 늦어지고 있었다. 등대는 불 밝히지 않고 봄이 멀다고 침묵하고

둥근달, 달이 자꾸만 내 안을 열어젖힌다. 칠흑의 마음 알고 싶다고 시술하듯 고해하듯 환히 속을 까발리려 한다. 속울음 죄다 끄집어 올려 바다 가득 흐름도 없이 흐느낀다. 텅 빈 안으로 달이 자꾸만 비집고 들어와 감싼다. 내 안 다 보았다고,

그 맘 다 안다고

항로를 놓친 철새 무리만이 방파제 끄트머리를 지키고 있는, 날마다 깃들던 늙은 낚시꾼이 떠나버린, 밤새워 매화꽃이 바다를 메워 꽃물결만 차가이 넘실넘실

봄이 많이 늦었다고

참 고운 날들

잊고 살았습니다

항상 두었던 자리에서 소중히 챙긴다면서 숨겨버린 엽서며 옛 지폐며 그대의 연락처를 찾지 못해 안달하며 살아왔습니다 그러한 어느 가을 볕살에 콧날 시큰해질 때, 저문 날 만월이 허전하여 텅 비어 보이는 즈음 조금보다 사리 때의 물빛이 더 고울 때, 그렇게 혼자일 때, 불어오는 바람 한없이 가벼울 때, 그때 톡 던졌습니다

내 안의 것들이

간직해둔 밀어처럼 와락 엎질러졌습니다 날것 그대로 내 안의 것들이 알몸으로 쏟아져 나와 입술 간질입니다 그래도 나는 속말을 뱉을 줄 몰라 입안으로 무어라 되뇌어 보는데, 하늬바람이며 인연이며 가지의 흔들림이며 파도의 망설임이며 하는 것들이 바다 저편 해일의 무게로 살아온 세월을 위무합니다 따스운 숨결의 가을 빛깔로 맘껏 위안받았습니다

참 고운 날들입니다

깨물어보는 그대 고운 이름

보석 같아
쏟아질 것만 같았습니다

겨울 엽신(葉信)

푸른 햇살이 보고 싶다고 이슬은 새벽이 지치도록 보채다 얼었다

스러지는 노을을 기다리는 솔숲 바람은 귀신고래 잠재운 바다 밑 물무덤까지 애타게 스미어 두들겼다

퇴색하지 않은 세월의 꿈은 독거의 아버지, 메마른 머리맡 자리끼에 이끼처럼 말갛게 고였고

수년 전 세상을 버린 작은아버지 무덤의 잔디는 그새 단단히 뿌리내렸을까

경주공원묘지 가는 길가 벼랑의 산감나무 가지에는 고봉의 까치밥 서넛 익었을까

아침나절엔 동창의 부고(訃告)를 받았다
저녁 식탁엔 죽마고우의 망부(亡婦) 기별이 올랐다

그렇게 목쉰 세월은 목젖을 적시던 소주잔에 앙금마냥 붙었고 꾸덕하니 익은 과메기 안주에는 쿨럭쿨럭 초고추장이 곡비(哭婢)처럼 흘렀다

산모롱이 외딴집 처마 끝 무청 시래기, 겨울나기 채비에 얼음 발로 서두르는데

저, 앙상한 당산목 가지 붙들고 혼(魂)을 부르는 바람

푸른 햇살이 그리워 해 다 저물도록 몸부림치다 바다, 그 바다 물굽이로 몰리고

석류나무가 글쎄

무어 그리 복장(腹藏)에 얹힌 설움이 멍울졌길래 곱던 잇몸 다 헐었다 여린 잇속이 핏물 진다 얼마나 앙다물고 버틴 중심이었나 밤새, 저리고 또 짓물렀던지 연록의 몸통마다 피똥 지린다

그런 세월이었다 몸도 맘도 태워버린 청춘이었다

살아내야만 했던 핏발선 불볕의 한때였다

맨발로 자갈길 걸어 터진 발바닥 기우며 진동한동 다그쳐온 살 길이었다

잠시 한숨 돌리던 청하면 서정리 보경사 초입

텃밭머리의 석류나무가 글쎄 손님마마께서 내려오셨는가 얼굴이 죄다 뭉그러졌다 난치의 병을 앓는지 벌린 가슴팍마다 피고름이다 회복할 길 없어 신음도 베어 무는, 삼켰다 끝내 뱉어버린 덧나지 않는 먹먹한 절규다

못물이 자꾸만

왕벚나무 가지마다 왕벚꽃잎 왕창 매달고
붕붕 떠다니고
뭉게뭉게 피어나고
조바심에 설레발치듯 휘저어 다니고
물큰물큰 자발없이 못물에 젖어가는데
못둑 위로 기어오르는 오리 떼 기러기 떼
숨이 차듯 부르르 떠는 몸짓에 넘어져
찰랑찰랑 헤적이는 못물의 가쁜 호흡
몇 가닥 바람결의 해찰에도
솜털 오소소 피워 올리듯
달뜬 몸뚱이 뒤뚱이며
못 밑까지 스미는 노을의 단내나는 입김에
침 꼴깍 삼키는데
왕벚나무 왕벚꽃이파리
텀벙텀벙 못물 위로 뛰어드는데

봄날의 허기

당신 떠나고
해 지는 줄 모르게 물가를 헤매었습니다
거기에는 많은 분실물과 함께 두고 떠난 인연과
남겨둔 미련도 있을 거라 여겼습니다
발자국은 모래알 수보다 서너 알 더 많이 찍혔습니다
모르는 사람들이 부르는 노래에도 내 눈가가 금방 젖어 축축했으니까요

나는 물가에 심어진 녹색의 나무 이파리와 노랑 꽃잎을 따 먹었습니다
꽃도 나무도 망각을 배웠고
그리움의 언덕을 넘었습니다만,
나는 기다림을 지울 방법을 몰랐고
그저 몸 가득 마음 넘치도록
그 지천이던 허기진 시간을 꼭꼭 씹어 삼켜보곤 했습니다
그렇게 당신을 부르며 온몸으로 공복으로
배우고 익혔습니다만,
입맛도 모르면서

허기는 사흘 낮밤을 씹고 삼켜도 가실 줄 몰랐습니다

봄날의 내 굶주림은 공복을 느낄 새 없이
뒤안 샘터에서 샘물 솟듯 터져 나오고
아! 그때 들려오는 노을 물든 파도의 위로는
또 얼마나 콧날 시큰해지도록 멈출 줄 모르는지

정미소 가는 길

아버지의 밥상 위로 거친 잡곡의 길이 있었다
그 길에 펄떡이는 날것의 비린내가
물이랑을 넘나들고 있었다
떼로 쏟아지는 푸른 꿈의 빛살
그 봄날, 뜨락의 살구나무에는 늦도록 꽃이 피지 않았지

뼛속까지 시려오는 냉수대의 시절
굴뚝으로 연기 오르는 시간이 갈지자로 깃들면
가난이 훈장 같던 두 칸짜리 집,
어머니의 화덕에서 말없이 구워지는 청어는
뼈째 씹어 먹어도 좋았다

오월 지난 정미소 마당에는
티밥처럼 이팝나무꽃이 어둔 밤을 소담스레 밝혔지만
신발 끌며 가는 오누이는 바보처럼
가끔 길을 놓치곤 했다

앞바다 꼬리지느러미만 빼꼼히 내다뵈는

실한 어족의 무리가 몰려와 저문 물살 건너는데
그날 밤 꿈속에선 바다가 죄다 무너지듯
풍어의 노래가 넘실대고
끝내 들이치고 마는 것이었다

오래된 그늘

고등어 굽는 저녁이다
가파른 어스름의 작은 골목길가
합숙소 담장을 처마 삼아 깃든 화단 아래
스스로 향기 나르는 정향나무 몇 그루와
착하게 그늘 깊은 무화과나무 한 주
이웃하는 깊고 푸르른 정원
숙모는 용케도 조카 딸애의 입맛을 알고는
계절이면 자꾸 보채곤 했지
무화과 그 붉은 잇속이 참으로 곱기도 하다고
그때마다 폐가 쑹 쑹 뚫어져 숨결 가쁜 삼촌이
마당귀 한쪽 풀무질에 땀 흘려대며 탕약을 달이곤 했지
그 계절이 이울고 써늘한 바람 끝
이끼 메말라 푸석한 얼굴의 삼촌은
조카의 눈매가 서글퍼 괜스레 웃음만 담배 연기 너머로
멀리 아주 멀리까지 건네고, 그래
정향나무 연보라 꽃향기 해 넘는다고
무화과 잇속 붉게 단맛 들었다고 그, 그늘 아래
아주 오래된 그늘 아래

심었던 꽃나무 구근처럼 누우셨지
언제까지나 손 맞잡자던 꽃 같은 언약도
스러졌지 기어이

겨울 한밤

틈을 둔다, 안과 밖은 경계를 허물고
죽음은 생사를 넘어 꿈의 결로 스민다
항상 죽음에 가까우니 잔영은 사라지지 않는다
어제 만났던 네가 오늘은 주검이 되어 곁에 머무르고
지나가 버린 것은 차가운 숨결로 스미어
바투 다가오는 것의 틈을 연다
죽음에 기대어 숨을 쉰다
호흡은 시간의 손아귀에서 잠시 놓여나서 어느 낯선 해안을 떠돈다
숨결의 망설임이 없다
생멸의 언덕을 오르다 말고 죽음의 한 발자국이 내게로 다가오는 밤
오른발은 빛나는 별을 향해 힘껏 페달을 밟는다
어둠에 눈먼 겨울 한밤이 흔들린다
그렇게 죽음이 불어온다
내게로 다시 혹은 네게로

제2부

여남 바다

물결이란 물결들은 모두
밥보자기를 덮은 듯 따듯하다

간밤 뉴스에서 새벽의 익사자를 꺼낸다
무명처럼 신발이 없는 발만 가득하다
화면 너머로 진부한 시간이
하류를 향해
꿈틀대고 있다

아비의 저녁 밥그릇이 고요하다

엄마만 남았다

무슨 일이래?
그냥 나올 수 없어
혼자만 나올 수가 없어
마른 햇살 한 줄기 꺾어 쥐고
나왔다 엄마만 남았다
낮도 밤도 없이
시간이 간격을 뛰어 넘나드는,
일곱 병인과 다섯 환자가 어지러운 그 방에
오래된 정물처럼
엄마를 물끄러미 앉혀 두고서 말이다
파킨슨병이 심해지면 그렇게 치매증세가 발현되어요
섬망이라는 거죠
하루 없이, 꼭 전화 연결 속에서만 기쁨이시던
차마, 엄마만 혼자서 남았구나
엄마의 일상이 덧없이 저버렸구나
언제나 어린 자식은 어둔 물가에 두고서
성경책도 머리맡에 펼쳐둔 채
안경도 챙기지 못하고

맨발인 듯 대절 택시에 담긴 채
순례객처럼 긴 걸음 떠나왔구나
그렇게 어디서나 혼자였는데,
주문처럼 읊조리던 소리가 별길 밖으로 튀어 나가고
별빛 멀리 우주 너머로
엄마만 혼자 남았구나
그렇게 한 생애가 갇혀버렸구나

슬픔의 민낯

자갈밭에서도 어찌 그리 실하게 잘 자라는지 몰라
사막에서도 제 키보다 더 무성해질 거라 여겨
물이 없어도, 비가 내리지 않아도
자고 일어나면 어느새 한 뼘 더 키가 자라나지
날마다 먹어야 하는 혈압약처럼
그렇게 삼키고 또 삼키면서 살아
눈을 떠도 눈을 감아도
뇌리를 꽉 채우는
한 조각 심장을 옥죄고 마는
내 안에선 무성한 밀림인 거지 거친 숲인 거지
핏줄보다 더 촘촘히 얽혀 있는 미로인 거지
그러니 난, 날마다 집 나설 땐 민낯으로는 안 돼
음영이 드러나지 않게 얼굴을 숙여 걸어야 돼
코로나가 아니어도 찜질팩보다 더 크고 완전한 마스크를 착용해야 해
마스크 대신 가면보다 더 진한 스모키 화장을 해야 해
항암치료 중인 환우처럼 말이지
새벽녘 해소 기침 끝에 목선(木船)을 밀어

푸르디 깊은 해협을 노 저어 나아가는 아비의 얼굴이거나
그 항해 끝에 마침내 그물을 내리는
바다의 깊디깊은 표정이거나

불혹에는 미치지 못할

내 나이 아직
불혹에는 미치지 못했으나
저 산등성이
사뿐사뿐 가을 홍조
엷게 드리우는 빛 으스름엔
그저 사랑을 놓고 싶어라
그대 눈높이로 다가서던 그 많은 시절 바람
다 쏟아버리고 싶어라

아직은 불혹과 먼 거리에서
가을은 깊어가고
산책하듯이 노래하듯이
어디쯤에서 내 사랑 단풍처럼 타올라
재로 스러질지 모를 일
다만 허전한 어깨만큼씩 곱게
시선을 내려놓고 싶어라

저 산 여울에 무늬 지는 노을의 이마만큼

나도 서서히 단풍 들며
조금은 가볍게 사랑을 물들이고 싶어라
아직은 살아야 할 날이 많아서
저 산 너머
불혹에는 미치지 못하는
그 가을 어스름에 얼굴 붉히는 나뭇잎같이
그렇게 지상을 떠나는
사랑이고 싶어라

나의 노래

바람이 익어가는 소리 제법 소담하다
억새 무리의 지청구가 선하게 노을을 물들이고 있다
가끔씩 고라니 일가의 조용한 귀갓길이 굽이지고
고단함이 내려와 부르튼 발목을 식히는 개울가가 온통 단풍 붉다
나의 입술은 저 나무가 붙들어 떨구는
붉고 애잔한 능금보다 계절을 노래하지 못했다
시계추가 일모의 시간에 가까워질수록
어머니의 바다에 풍랑이 높아지긴 하겠지만
나는 염려하지 않으련다
내겐 여전히 바람 없어도 떨굴 잎사귀가 몇 있어
하루에도 여러 차례 잎잎이 색물 들여
수만 색깔의 작별이 가능하리니
한두 번은 예행연습인 셈
마지막 작별의 바람이 농익어 스스로 짓물러 터질 때까진
이 발걸음의 속도 바꾸지 않을란다
아직은 너의 흐느낌에 말없이 건네줄
따스한 손길 있으니

허청이는 네 젖은 소맷자락 여미어 줄
미련이 많으니

어리연꽃

내 아는 꽃 어리연꽃은 참으로 앙증맞게 생겼는데 영덕행 7번 국도를 따라 칠포 바다로 가다 보면, 어느 음식점 볕 좋은 뜨락에 솜털도 뽀송하니 피어 있는데, 오는 바람 가는 볕살 무르팍에 한 사발씩 향기를 쏟아붓는데

어느 계절엔가
제각기 성(姓)을 가진 이 땅의 어여쁜 꽃들이
뜨겁게 숨결 돋우더니만
겨운 듯
가쁜 듯
진땀 빼더니만
앙상하니 슬하에
우주 하나 키워 놓았네
참으로 화안하니
한 세상 열어 놓았네
넉넉한 미소 하나
피워올렸네

순례의 밤

밤 깊으면 마북으로 내려오는 설레는 눈 소리 듣겠다. 아주 가끔씩 하옥을 넘던 사나흘 폭설. 주린 배 움켜잡고 골짝을 건너던 산짐승 무리의 지친 발소리 듣겠다. 산간 마을 바람벽에 내몰린 문풍지 떠는 소리 듣겠다. 볼이 단 어린 것의 단내나는 칭얼거림 같은 깊은 산의 꿈꾸는 소리 듣겠다. 그러한 잠시 문풍지 그러쥐고 귀엣말 전해주곤 북풍한설 먼 길 떠난 순례의 바람 안부도 듣겠다.

장성동 사설 노인요양병원, 가늘게 떨리는 박동의 눈금 노랗게 익어가는 링거병 저 혼자 생의 바늘을 세는 벽시계 한밤을 지새우겠다. 눈가 마른 눈물버짐 지울 길 없는 어미의 몸피 야윈 환자복 잠 못 들겠다. 창밖으론 마른기침에 가쁜 숨 허덕이는 그림자 비치겠다. 세상 뿌연 노안(老眼)의 밤이 그렇게 저물겠다. 잎 다 져 홀로인 나목(裸木), 늙은 몸피에서 살비듬 터는 소리 듣겠다.

노안(老眼)

눈앞이 보이지 않는다 안개 속인 듯 지척이 뿌옇다 눈의 길과 발의 길이 침침하자 뇌리가 분별을 잃었다 마음길이 헝클어져 그렇게 또렷했던 활자의 길이 흐리다
생활이 어둡고 숨결이 가쁘다

생애가 아뜩하다
너무 에돌아 왔구나
언제나 키보다 한 뼘 멀리만 보면서 살았구나
마음은 항상
산 너머 저쪽에다 두었었지
불혹의 길 지나도 유혹마다 눈 맞추는 세월 동안
이제사 하늘 뜻 알고
발치에 두고 온 그림자 세며 살아라 한다

봄날, 무논에 모 심듯 한 마장 한 마장 아끼듯 보살피듯 허리 낮추고 뺨 맞대라 하는구나 눈높이 가까운 곳 먼저 살피라 하는구나 처마 낮은 벽돌집 틈새에 키운 둥지 속 박새의 작은 생명 손 내밀어 고 여리디여린 숨결 만지라 하는구나 눈높이

낮추어 산 것들의 온기에 입 맞추라 하는구나
　그런 세월 살아라 하는구나

하, 얼마나 많은 것들이

어우러져 들꽃이라 하네

제비동자꽃 애기별꽃 구름송이풀꽃 가시붓꽃 산앵도꽃 양지꽃 솜방망이 줄딸기 구름국화 두메양귀비 돌바늘꽃 촛대승마 노루귀 두메투구꽃 각시투구꽃 부전바디 바위돌꽃 왕죽대아재비 바위구절초 좀참꽃나무 범꼬리 가는기린초 참배암차즈기 비로용담 물레나물 고깔제비꽃

우리나라 산천의 식물도감에는
계절 없이
오종종 피어나는 것들이

앵초 엉겅퀴꽃 은방울꽃 노랑무늬붓꽃 병아리난초 벌깨덩굴 붉은토끼풀꽃 처녀치마 자주종이풀꽃 체꽃 큰달맞이꽃 나도옥잠화 해당화 꿩의바람꽃 홀아비꽃대 얼레지 참비비추 노랑물봉선 꿀풀 도둑놈의지팡이 자주꿩의다리 개상사화 광대나물 쥐오줌풀 왕고들빼기 땅귀이개 자주쓴풀 중대가리나무 미역취 수선화 바람꽃

그 옛날 신라적 사람의 땅 채마밭, 텃밭, 처진밭, 묵정밭, 산에 들에 고갯길, 논밭두렁, 무논, 자갈논, 다랑이논, 언덕길, 둔덕길, 새벽길,

아득한 길섶에는
가뭇없이
소담스레 피어나는 것들이

이 산하(山河) 딛고 사는 황토마다
하, 얼마나 많은 것들이
사태(沙汰) 졌네 꽃사태 이루었네

태풍의 눈은 따뜻하다

중심 기압 940hpa 최대 풍속 50m/s
강력한 파괴력의 그대
두려워하기에는
산호빛 눈망울이 너무나 투명했어

세상은 그대
중심(中心) 밖으로 숨을 삼키고
삶은 늘 가장자리에서
목숨이 위태로운 거지

그대 푸른 눈은
가없는 시간의 침묵
물마루와 물골짝 가파를수록
안으로 안으로만 깊어갔지

중심에 서면
속리(俗離)의 깊은 산속 고요도
저잣거리의 시든 눈물도

한 줌
따뜻한 햇살로
만져진다는 걸 모르지
사람들은

하오의 못가

드문드문 그늘의 자국이 길섶을 적시고 있네
시월의 바랜 햇살들 뒹굴다 멈추었네
시간은 머문 듯
못물 속, 고요의 기운이 가득하네
바람이 사라지자 꼬맹이들 자전거 바큇살 굴리는 소리 낭자한데
하오의 노인들은 서둘러 귀를 닫아걸었네
건너편 교회당의 찬송가도 찬양을 멈춘 채
못물 깊이 기도의 손길이 가라앉네
빈 커피 종이컵을 두고
벤치마다 떠난 이들의 말소리와 웃음이 헛헛하다 머뭇대고 있네
이제는 모두가 떠날 시간이네
못물들이 미련 걸어 잠그고
무성한 연잎들이 고요의 옷자락 붙잡고
함께 가을밤 지새우자 속삭이네
못물 밖으로 붕어 떼가 한꺼번에 주둥일 내밀어
작별의 한 마디 던지네

소리도 없이

파문 지네

토란밭을 지나며

걸어도 길은 줄지 않는다
별은 너무나 멀리 반짝이는데
별이 지는 지상은 어둡고
마을이 끝나는 곳에서 비를 만난다
서둘러도 쉬이 끝나지 않는 길을 데리고
우산도 없이 토란밭 지난다
지친 발걸음 앞세우고 지난다
어디 젖지 않는 인생 있었으랴
어제는 어둠에 젖고
내일은 바람에 젖을 것인데
지상을 종일토록 적시는 비
겨운 하루가 무겁게 발목 잡고 늘어져도
토란잎 하나 꺾어 머리에 씌우면
날아오를 듯 뼛속까지 가뿐한데
별빛 마신 듯 기운이 돌아
저문 길이라도 숨 가쁘지 않아
별빛 젖은 지상의 길 외롭지 않아
이번 생애는 무사할 것 같다

참 다행이다 싶다
녹슨 풍경 낡은 정경 삭아 허물어지는 추억들
켜켜이 쌓이기만 한 지난 시간의 허물들
길이 닿는 곳에서 아득하여라
아주 저물어라

바지랑대에 걸린 흰 옷자락

일상의 때를 세탁한 원고를 널었다
마르지 않은 삶의 여백을 그린
얼룩진 비유가 바지랑대에 걸려 바래어간다
햇살은 희다 못해 눈부셔 온 동네가 환하다

그렇게 썼다
아침의 비린 바람과 저녁 깃든 어둠이
가슴 시리다고
밥상머리에는 도루묵찌개가 짜글짜글 상투적이고
젓가락 내려놓는 소리는 경쾌하여 역설적이게도 모호한 상징이었다고

어쩌면 시(詩)를 쓰는 일은
마음 도랑에 앉아 젖은 일상의 때를 손바닥 핏물 배도록 손세탁하는 건지도 몰라
구겨지면 구겨진 채 땟국물 적당히 짜서
빨랫줄 높이 너는 일
지친 바람이 뒤안 대청마루 빤질한 민낯 훔치기도 하는,

얼어붙은 하늘 밑 깃털 떨구는
기러기 떼, 몌별(袂別)의 손 흔들기도 하는
그런 일 같은지도 몰라

바지랑대 높이 허공을 버티다 보면
세상을 휘돌아 온 바람은 제풀에 스미어 향이 되고
찌든 일상이 씻긴 원고는
눈이 곱고 청청한 사연으로 팔랑대다가
고무줄 느슨한 어머니 고쟁이쯤은
동무 삼아 함께 마르기도 하는 것이다
날빛도 개의치 않아
숫처녀의 단속곳도 드러내어
꾸덕꾸덕 말리기도 하는 것이다

꽃피는 감자

바람꽃이 피었네
제법 분탕질이네
몽술몽술 배꼽께를 간질이는,
간밤에는 비꽃이 가만히 피고 졌고
아침엔 이슬꽃이 피었네
말갛게 세수하고 민낯으로 세상을 응시하네
햇살꽃 피었네
솜털 뽀얀 감각의 촉수를 어루만져 일으키네
감자꽃도 피었네
푸른 감자밭 이랑이 하얗게 젖었네
하얀 젖물이 도네
빈속이라도 배부르겠네
고랑고랑 어머니, 더운 숨결이 검은 흙 살찌우네
뿌리마다 아버지, 쉰내 스민 땀방울 영글겠네
일용할 양식 일구겠네
겨우내 잠자리가 푸근하겠네

제3부

곶감 하얗게 꽃이 피어

곶감 한 알 받아 들고
한입 베어 먹었네
싸한 것들 삭히고 또 저며져
세월의 쉰내마저
사람 좋은 미소처럼, 때깔 고운
인정마냥 말캉말캉 익거니
우리네 사람살이도 그렇게 깊어가는 것이거늘
이 밤 먼 곳에서 들려오는 환한 소식들
산골짝마다 골골이 초롱 등불 들고서
함박눈 찾아들면
홍해 지나 청하 들녘 거니는 그 곶감들
온밤 지새며
소복하니 하얀 꽃 피우겠지
단내 들큼허니 향기 흘러
쪽창도 환히 밝히겠지

상옥

상옥은 세상에서 멀다

여기는
이승과 저승의 어름
애증이 그리움을 물들이는 생의 경계
바람도 지나다 이름자를 떨구는
신화도 폭설에 사나흘 갇히는 유형의 땅

12월이 떠나도
포항에는 눈이 내리지 않는다
상옥은 포항이면서도 포항에서 멀다
그대가 멀리 있으면서도
항시 내게 있듯이

이제껏 걸어온 이력의 뒤안에서
잠시 길을 멈추는 시간
상옥*에 눈이 내린다
길을 묻고

마을을 묻고
내 눈에서 걷히지 않던
그리움도 묻힌다
끝내 내 영혼도 길을 잃어 묻힌다

---

*상옥: 포항시 죽장면 상옥리.

여름비

하염없이 내린다
억수보다 많은 저 소문의 알갱이
그들의 生은
천상에서는 외로움이었다가
지상에서는 둥글게 의지가 되는
타원의 거주지를 만든다

확실히 세포 분열의 삶은 치열해
가문비나무의 숲이거나
자작나무의 흰빛 고운 가지이거나
그렇게 하나의 대열을 이루고
평생을 지내는 것이다
그렇게 어울리면서 사는 것은 황홀한 거다

그들은 가서
무엇엔가 말 붙여 보지만
그들의 외로움은 어디에서든 안길 수 없다가
처마 아래 등불 사운대면

하나씩 일가(一家)를 이루어 뺨 어루만지며
밤을 함께하는 거다
그저 넉넉하니
고요히

두무치*

소통할 수 없는 부재(不在)라 한다
손 내밀면 언제나 굽이굽이
훌쩍 길 떠나는
너의 뒷모습에서 어긋나 멀어지는
천만 갈래 인연의 뱃길

출렁임만 가득하다
네가 떠난 자리마다 비 뿌리고
네가 머물렀던 자리마다
싸락눈 쏟아진다
언제나 뱃전으로 등댓불 스러지고
기다림의 돛폭에 밀려오고
밀려갈 뿐

우리 서로 밀물 되고
썰물이 되어
살 섞어 몸 부비다
함께 수평선 넘고픈 아득한 뱃길이여

천둥 같은 해일이여
막막함이여
生이여

*포항시 북구 두호동.

21세기 자본은 부르주아, 혹은 양심은 프롤레타리아

난! 궁핍의 냄새는 버렸다
고, 정직하게 고해하면서
산다를, 간난은 내 곁에서
떠난 지 이미 오래

그녀를 그렇게 보냈지
그리고 잊었어, 라고
산 지, 어언 세기의 경계를 너머
지금, 21세기는 희망 없는 새벽
절망의 시간 건너면
사막에 피는 꽃은 언덕배기를 붉게 물들일 수 있을까
천지는 자본 따라 유쾌하게
또는 아파서

난, 궁핍의 저 퀴퀴한 냄샐 버렸지
라고, 추억하며 씹고 있다
그 지긋지긋한 궁핍의 육질
피의 달콤함을 느끼며

도꼬마리

쉽게 멀어져가고 쉬이 떠나고 싶어
목숨마저 버리고 그렇게 포기하고 단념하고
사랑은 끈질기지가 않아
기쁨도 오래지 않아
슬픔은 자주 간격을 바꾸고
낯빛을 고쳐가며 정색하곤 해
나를 향한 것들은 언제나 아픈 등을 돌리지
그렇지만, 단 한순간도 내 곁에서 떠난 적 없으신
당신을 향한 나의 악수는
언제나 잎 다 져버린 늦가을
옷자락이 바람에 들쑤셔지던 들녘 저문 길섶에서
바짓가랑이를 꼭 붙들고 내게로 왔던
도꼬마리 그 놓을 줄 모르는,
야무진 손아귀였으면 좋겠어
탈탈 털어도 바짓단 움켜쥔 채
해가 바뀌고 계절이 건너가 버린 뒤에도
여전히 놓을 줄 모르는,
집착이라도 좋겠어

엄마의 뼈

뼛속까지 바람이 분다
따갑고도 시린 바람 속 한없이 가벼운 엄마
체중은 39kg, 신장은 159cm

(국민학생 시절 학교 육상선수로 날리던 엄마
키 165cm에 몸무게 60kg이 넘던, 당당한 엄마
아들 낳고 젖이 넘쳐 주체할 수 없었다던 엄마)
그렇게 더 굵고 실한 통뼈의 넉넉함으로
내 속에 난 자식이든
옆집 우는 남의 자식이든 가리지 않고
암탉이 알을 품듯
품으시던 엄마의 품이었다

세월의 바람에 부대껴
스러지고 졸아들어
더는 줄어들 것 없는 세명기독병원, X-ray 사진 속
희디흰 뼈엔 검디검은 공동(空洞)이
층층이 무너져

쓰러질 듯 깊다

60kg 넘던 몸무게에 키가 165cm였던 우리 엄마
일곱 마디 척추가 무너져
꺾인 허리가 골반 속으로 깊이 잠겼다며
가만가만 내뱉는 엄마
발걸음이 가볍다
사월의 꽃바람 앞에 선
당신의 긴 그림자 또 한 번 휘청,
크게

세월의 통화

1

저 이상민입니더 기억 나시겠능교
스무 해 가을 저편 부둣가 어판장에서 전화가 왔다
야아 그래 내가 아는 사람 이상민이 맞습니꺼
예 그 상민이가 맞니더
그래 그동안 어째 지냈심니꺼 글은 계속 썼능교
그럭저럭 잘 지냄니더 글이야 죽도어판장에서 안 씀니꺼
사는 게 글 쓰는 일 아닝교
그렇네요 그게 글이지요
입에 밥 넘기고 사는 게 다 글이지요
계절은 구룡포 지나 발산 해안 바위틈으로 찾아온
해국들이 스무 번 피었다 지고

2

친구야 나 주동이다 잘 지냈나
야야 우짠 일고 그래 반갑구나
그래 그냥 니 목소리 듣고파 전화 안 했나
가을 오후가 눈썹에 맺혀 맘 간질이길래 말이다

진짜 오랜만이제 요즘 많이 바쁘제
애는 많이 컸제 지금 어디고?
서울이다 학원이란 게 요즘이 제일 바쁘다 아이가
늦둥이는 하루하루가 예쁘네
그래도 저번에 정호 만나 차 한잔하면서 니 얘기 했다
이번에 포항에서 친구들 만나봐야겠다고
연말쯤에 보고픈 친구들 불러야 될낀데 하고 말이다
그래 그땐 나도 가봐야제 내가 가야제
그래 만나야지 얼른 한번 봐야지
그래 참말 반갑데이 주동아 잘 지내고
그래 그때 꼬옥 보자 잘 지내거라 친구야
그래 잘 지내고 건강 챙기고
끊자

모과

하늘 귀퉁이가 귀소(歸巢)의 시간으로 저물 때
걸어도 걸어도 끝 간 데 없이
끝내 불러도 메아리마저 발자국 지우는
텅 빈 우물 같은 육신이
스스로 어스름 들녘에 젖을 때
행여나 이슬 내린 밤 홀로 귀갓길 밟으실
엄마의 무거운 그림자 무너질세라
서녘 하늘 얼굴 붉히기 전에
걸어둔 저 노랑 등불 새로 맛향 들이는 게지
서리도 서너 번은 내려야
생가지 꺾는 비바람도 사나흘은 불어야
그렇게 젖었다 말리면서 스미어 삭힐 때
어미의 젖은 치마 말기의 눈물 내음 스민
짙은 향기 흩날릴 테지
배냇짓에 저절로 익었던 젖내마냥
참 맑은 침향으로 우러나겠지

풀씨 하나가

저문 강가입니다 혼자서 성숙해지는 계절입니다 시간은 잎 지는 가지마다 바람을 놓고 허공중에 노랗게 붉게 물수제비뜹니다 때를 놓쳐 남하(南下)를 서두르는 철새처럼 안식은, 生이 뿌리내린 지상에서는 너무 멀리 있습니다

말갛게 들녘을 비워야 하는 때입니다 검은 옷의 사람들이 순례의 여정을 예비합니다 여정 속에는 오랜 고요와 묵도와 별빛보다 밝게 빛나는 추억과 사랑, 사랑이라는 이름의 그리움도 거처를 마련해 놓았습니다 손금보다도 뚜렷한 生의 갈피를 들추면 마음이 가난했던 사람들, 등 굽은 그림자가 물결처럼 흔들립니다 나는 가만히 손을 내밀어 눈매 선한 이름 하나씩 꼬옥 쥐어 봅니다

이제 바람은 사과나무 가지 위에 지난 계절의 흔적을 지우고 제 몸의 무게를 얹고 싶어 합니다 아침이면 풀씨 하나 태양처럼 타오르고 싶어 합니다 풀씨 하나가 고, 작고 가벼운 생명체가 먼 곳까지 갈 비상을 준비합니다

부끄러움은 나의 몫

오늘날 흔해 빠진 나는
내 이름이 누군가에 의해 불릴 때마다
부끄러웠다 곁에 함께한 봄 느릅나무
여린 잎사귀도 움츠리곤 했다
흔해 빠진 나는 어디에서나 불편했고
달이 떠오를 때마다 우물 속으로
몰래 숨어들곤 했다
끝내 흔해 빠진 나의 부끄러움은
온전하게 내 몫이었고, 단풍이 들기에 먼저
온 마음이 붉게 물들었다
온통 충혈되었다

주변이 아름답지 못했다 나는
아비의 얼굴이
어미의 입성이
처마에 내걸린 문패가 바람 없어도 삐뚤었다
긴 얼굴을 파묻는 어둠이 고마웠다
끝내 어둠만이 내 편이었고 위로였다

단단하게 문을 닫고 고여 있는 표정만이
오로지 내 것이었다
그 안에서 혼자만의 꿈을 꿀 수 있었다

잎, 잎이 지다

바람의 조각이 흩날린다
조각 조각 바람의 얼굴이 까칠하다
노기 어린 바람의 질주가 자못 살벌하다
어쩌다 저 바람결에 손 내밀던 마음 다칠라
세상 숲의 나무, 잔가지들마다 한기 든 듯 떠는데
쭈뼛 머리카락 곤두선 햇살들 기색이 싸늘하다
끝내 숨 참지 못한 우듬지의 어린 햇살들
왁자하게 가쁜 숨 토해내고
영일대 해변 모래알보다 많은 참새들
단풍 든 잎사귀 다 토해내면서 하늘을 가리고
노을 곱게 감싸쥔 숲의 나무들
화락화락 물든 잎사귀 하나씩 떠나보내는
잎 질 무렵이다
저만치 산모롱이 길에 얹힌,
저무는 햇살 너머로 겨울이 올 무렵이다
마을 뒷산 둥지 속 새끼들 지키는 손길이 분주하다
앞 개울에 살얼음 내리기 전에
불심 좋은 장작도 넉넉히 패어 둘 수 있겠다

저녁 구들장 따듯하게 데울 수 있겠다
마음의 아랫목은 제법 따숩다
이불 속으로 두 발 펼치니
함박눈 사나흘 퍼부어대도 살겠다 싶다

아내의 숲

베란다 가득 쓸쓸한 의욕이 넘친다 그제까지도 보지 못한 이미지이다 오늘은 못 보던 화분이 하나 입주했다 저녁 어스름에 심심한 화분은 사르락 잎을 죄다 버렸다 날마다 색을 입히고 향기를 바꾸면서까지 마련한 계절이다 아내의 숲 천장으로 고려담쟁이가 가으내 홍엽이다

아내는 그렇게 자신만의 한 계절을
저만의 시간을 갈무리하듯 차곡차곡 채워 넣고 있는 것인데
창밖에는 바람 불고 어제는 비가,
스콜같이 지나갔다

아내의 등을 데우는 찜질팩은 천 근 무게로 침대를 짓누른 채
긴 밤을 지새우는 날이 잦았다
어느 하룬들 등허리가 결리지 않은 날 있었을까
척추동물의 유산처럼 통증은 만성이다
마디마디 꽃피우지 못하고
혼자서 저걸 다 감당했다니

붉은, 둥근 열매를 매단 건 산사나무 혼자만의 산역(産役)이 아니었다

붉은 인동꽃 대신 벌레잡이제비꽃이 인사했다
벽 없는 허공을 타고 오르락내리락하는 품이 대견했다
어쩌면 아내는 없는 벽에 길을 열고
한 시절 저벅이며 예까지 온 건지도 몰라
저, 베란다 가득 숲을 가꾸어왔는지 몰라

오늘은 뒷자리로 밀려난 황칠나무가 잎을 틔웠다 그렇게 아내의 숲이 아릿하다 내일은 흙으로 빚은 질항아리 가득 꽃대궁 하나 분양할지도 몰라

바람의 동쪽

그대와의 통화가 끝나고
오후의 숲은 고요하다

내 안에 머물던 수만의 모국어와
상념의 잔뿌리로 뻗어 나오는 욕망 모두 잠들다

그대 생애의 언저리를 맴돌던 바람 숨죽이고, 저 치열한 적막의 기슭에 잠시 영혼을 방목하고, 그리운 숨결의 가지 스스로 떨군다 자작나무 질감을 가진 바람이 더운 영혼을 불러 사나흘 흐른다

아픈 다리 저쪽 언덕쯤에서 멈추고
토닥토닥 두드려 피로를 풀면
바람의 동쪽 먼 끝에서
한 이랑 한 이랑 그리움의 출렁임
거기에서 인생은 푸르고 깊다

자작나무 흰 숲 물결 너머

처연히

목마름의 바람이 분다

흔들렸다

꽃잎이 바람에 흔들렸다

과녁에 꽂힌 화살이 흔들리고
땅이 인위적 유발 지진으로 흔들리고
임플란트 심은 치아가 흔들리고
미세먼지 가득한 시야가 흔들리고
십일월 늦은 하오의 발걸음이 흔들리고
너의 생각이 흔들리고
새삼스레 중심이 흔들리고
참인 명제의 진실이 흔들리고
당신에의 믿음이, 또한 나의 사랑이 흔들리고
뿌리내린 일상이 흔들리고
내가 흔들리고

마침내 바람마저 흔들렸다

제4부

꽃잎을 널었다

그림자는 죄다 주홍빛 얼굴이다
짠내 가득한 샛바람도 한 가득 널었다
서둘러 서쪽 나라로 눈물 찍으며 발걸음 옮기는
노을 한 자락도 널었다
한낮에는 때 이른 오월 하순의 소나기 한 줄금
깨끗이 씻어 덕장 한 편에 널었다
어제는 그대와의 서툰 이별도 널었다
손수건은 간밤 몰래 거두어들였다
새벽 무렵에는 파르르 떨던 이슬 잠 떨치고
대처로 떠났던 숙이 이모
하얀 코고무신 끝에 채이던 눈물 한 소절도
간신히 볕 바른 곳에다 널었다
한나절 내내 기별은 없어도
마냥 평안했던 고요의 한숨 가슴속에 널었다
해 지기 전에 다 말라
풀피리에 슬며시 스미어 노래가 되도록
담장 위에 작약 꽃잎을 널었다

별빛보다 당신

개가식 도서관 휴게실에서는 진한 카카오 한 잔이지
내리는 별빛을 삼키듯 음미하듯 마시는 게 제맛인데
(80년대풍으로 마셨어야지)
빨간 운동화를 신어야 하는데
(이별은 색상이 중요하지)
늦은 별은 자작나무 우듬지로 낙하산을 타고 내리는데
오늘도 즐거운 관람 되시길 바랍니다
유성우의 시간도 저물고
별빛이 쨍그랑 쏟아진다
바람의 보폭이 언제나 반듯하다
(머물지 않는 틈새로 바람 들어)

눈물 떨구지 않으면 오지 않은 걸로
그리움이 간밤에 말했다
(꿈이었기에 망정이지)
드나들던 집앞 돌다리가 닳아 무너져 내렸다는 브레이킹 뉴스
무표정한 얼굴로 아무 일 없는 것처럼

거미줄은 거미줄대로
처마 끝 낙숫물은 낙숫물대로
수채화풍 세상을 그리겠다
밀물이기 전에 썰물이었다고
(썰물보다 먼저 네가 보고팠으니까)

유쾌하도록 멀리서,
너를 떠나면 검은 파도의 시(詩)가 둥근달보다 환한 미소로 져 내릴까
(달빛 아래 시를 적시는 바다)
내게는 추억 속이 아니고 현재인데
딱 한 모금만 너를 삼키고 싶다
그리고
너를 만났으면

나는 낡은 소리가 좋다

오래된 숲에서는 태곳적 이끼류의 소리가 깊다
시원을 알 수 없는 영혼이 걸음마 떼던 소리다
나는 낡은 소리가 좋다
오래되어 녹이 슨 선율의 아득함이
LP판의 표면을 거칠게 긁어대는 옛날식 흑백의 따스함이

바랜 사진첩 속 밀물들 무렵에 마음 설렌다
야생 물새 떼가 한가로운 못가의 고요가
난타당한, 흔들리는 못물이 소스라치게 파문이 질 때도
하염없이 번지는 동그란 악보가 있어
한 소절 찰랑거림에 걸려 느슨해진 현을 지그시 누르는
불협화음 그대로가 좋다
촘촘하지 않아서 좋다

바람이 와서 나른한 하오풍(下午風)의 기별로 전언하는
끝내 향기 엎질렀어도 그 봄날 한때
잔향이 배어 있는 왕벚나무 잎잎이 사운대서 좋다
그런 때는 하늘 밑 하옥 마을

분교를 지키는 풍금의 페달 소리가 좋다
늙은 바람이 어린 가지를 스치는 인연이 좋다
그 인연 곁 그대와 내가 말은 없어도
오래도록 노을에 젖은 어깨 나란히 할 수 있다면
돌돌돌 흐르는 여울물의 순한 호흡같이
그대 따듯한 마음 뜨락 깊은 곳에 가닿는
낡은 페달의 풍금 소리라면 좋겠다

가시연꽃

젖은 물의 가슴에 못질을 해댄다
섬섬옥수의 가시 줄기
여린 속살에 박힌다
그때쯤 물과 가시가 하나 된다
푸른 먹물 번지듯 열락(悅樂)에 떨다 보면
꽃이 핀다
물살이 돈다

꽃은 향기를
중심(中心)에서 퍼뜨린다
흐르다
가장자리까지 스미면
각(角)을 지운 못물이 황홀경에 찰랑인다

마음이 모질면
줄기가 야위어 가시가 된다
마음 줄기의 가시가
굳은 물의 심장을 찌를 것이다

여물게 익지 못해
몰캉몰캉
다시 물로 흐르는 마음일 것이다

일인용 전동 휠체어 시점

포항문화원 앞 은행 가로수 노랗게 핏물 들다
한 치의 틈새도 순간의 방심도 용납지 않는
과녁을 응시하는 시위처럼
숨찬 일몰의 구도가 팽팽하다
쏜 화살같이 좌고우면하지 않는 시대의 용맹정진이여
몸 던져 生의 늪을 건너는
눈부신 굉음의 오체투지여
염주알 굴리듯 묵주 구르듯
떨어져 튕기는 쾌속 질주 끝 환한 정지선 앞에서
눈시울 붉은 일단정지의 신호등
어깨 내려놓고 정적도 잠시 브레이크 밟으면
바람도 가쁘게 발목 잡힌 사이로
호흡이 멎는 횡단보도 위
일인용 전동 휠체어 보행선을 건너고 있다
느릿느릿 구르는 달팽이집 앉은뱅이 전동 휠체어
건널목을 건넌다
삶은 언제나 문지방 너머 한 걸음인데
죽음은 건널목 이편 아니면 저편의 바람 같은 것

가쁜 숨결 다독이듯 건널목 건넌다
한눈도 팔면서 곁눈질하면서
멈추듯 설듯 쉬엄쉬엄
일인용 전동 휠체어 시점

거룩한 잠언

화르륵 단풍 물든 저 오랜 말씀
낮으라, 더 낮으라 나무라시는 거룩한 잠언
멀리 내려온 강물처럼,
안으로만 울음 우는 물살처럼 세상은 깊어 고요합니다
내 안의 것들이 멀리 달아난 영혼처럼
한없이 가뿐합니다
선한 시야에 맑은 바람의 결이 보이듯
어머니는 물길 건너 이승의 기슭에 당도하셨을까요
세상은 잎사귀마냥 떨지라도
어찌 저 겨울을 날까 염려 없이 견딥니다
긴 그림자 더욱 낮추니 마음 바닥 넓어지고
이제 한 발 내디뎌 설 수 있겠습니다
해거름에 당도하는 산빛이거나
남루한 어촌의 가계(家系)를 따듯이 쓰다듬으며 돌아가는
물살의 훈김까지도 들을 수 있을 것만 같습니다
生의 고샅길 지나 돌아오는 발자국의 거룩한 잠언
내내 반듯할 겁니다

빗방울의 자취

안부 묻자고 지그시 불러보는 한밤
수신음 부재의 휴대폰
지워버렸다고
마음 멀리 저물었다고
빗방울의 자취
가뭇없다고

엉뚱에 대하여

1

푸르고 높다란 봄 하늘에
저렇게 태연하게
눈이 쏟아진다

둔덕 저편 양지뜸의 제비꽃,
밭두둑 가득 볕살에 눈뜬 양지꽃 신내이꽃
노란 눈동자에 크게 놀랐다

2

푸른 토마토의 달고 무른 생각
토마토의 무른 생각이
반숙으로 익을 때
올리브유처럼 매끄럽게 미끄럽게
생각은 스펙트럼을 넓히듯
퍼져나가야 하는 것이거든

3

고민도 없이
고민투성이 드라마 주인공의 생애를 닮고 싶었어
내 안의 설익은 홍분이
늦은 하오를 달릴 즈음

4
여름이 길다
배롱나무의 한낮이 붉다
자미목 입술이 붉다
간지럼나무 붉은 땀이 굴러떨어진다

5
아이스 아메리카노가 테이크 아웃이다
얼음송곳으로 뇌수를 찌르듯 엄습하는 편두통
역시 난 뜨거운 체질
낯 뜨거워 고개 돌리면
나의 안막을 차단한 먼 산이 아주 멀다
내 더운 생이 차갑게 테이크 아웃이다

쓸쓸한 저물녘

벚나무 잎 노랗게 져버렸네
젖은 길 거기, 희미한 기억의 갈피마다
사락사락 엎드려 뒹구네
나는 한 잎의 낙엽
그 앙상한 근골과 잔가지들이 서걱이는 소리 밟네
밟고 건네 기억이 뒷걸음치고
내 눈은 서서히 저물어 그 무엇도 보지 못하네
그대 꽃핀 정원으로 들어가지 못하네
귓가에 속삭이던 따뜻한 미소도
손 꼭 잡고 거닐던 옛 길가 하얀 꽃들의 이름도
저물고 끝내 스러져 더는 부를 수 없네
그대 이름 간직하고 싶지만
한때의 입맞춤과 스치듯 느꼈던 손끝의 파문
속삭이던 따뜻한 미소의 발자국들
길을 잃어 차갑게 식어버렸네
발길에 채는 건 바람의 탄식뿐
타오르던 청춘의 불도가니마저도 얼어붙게 하는
쓸쓸한 저물녘 벚나무 마른 나뭇잎 뒹구는 길가 어디쯤

아득한 눈물방울같이
차가운 손길처럼 맺힌
그 공허

겨울나기

사나흘 폭설에 화전 마을이 유배되었다
터전을 빼앗겼다
역사도 그쯤에서 붓을 던지고
선사의 동굴마다 알몸으로 새긴 서러운 꿈
눈이 깊으면 야만의 기억도 무디어져
올무처럼 옥죄어오는 정분은
화로보다 더 살가운 인간이 그립다
겨울은 한계를 한계로 두지 않는다
저만치 밀쳐두면 生은 한데서도 의젓한데
쩡쩡 몸피 터진 강 홀로 저물면
봄은 노랗게 풋물 배듯 스며들 것이다
우리들 고단한 이웃들의 야반(夜半)도
숨소리 곱게 처마의 등불 끄고 이불 덮으면
화전 마을은 한 마장씩 사위어 가고
깊고 아득히 무너지는 삼동(三冬)의 눈사태도
그렇게 또한 견디는 것이다

어리연꽃 2

우주의 숨결을, 속살의 떨림을 맨눈으로 그려 본다면 꼭 너의 모습이리라 여리고 순한 눈매의 깊은 속삭임, 아슴한 별빛의 기품이 서린 몸매, 솜털 일듯 보송한 떨림에서 네 맘 깊이 여울지는 더운 숨결을 느끼리라 온통 세상 그리움의 물결도 네 흰 발목을 적시리라 보이지는 않아도 네 영혼의 손끝이며 빛깔까지 내 환히 알겠다 실낱 바람에도 정신을 놓고 마는 네 가녀린 생의 현(弦)에 숨은 그 나직한 노래도 내 듣겠다 네 발 디딘 지층 깊이에서 피돌기 시작하는 뭇 벌레의 울림이 결국은 사랑임을, 내 부끄러운 고백임을 알겠다

첫사랑의 눈썹달을 닮은 꽃이여

딸에게
—탄생

간밤엔 비가 내리고
그쳤다

땅속에선 그 많은 생명이
뿌리를 적시고
나는 밤새워 천지의 울음을
온몸으로 들었다

나의 生이 너에게서 열리고
비로소 환하다

그토록 아픈 밤이라니

꽃등

나는 보았네
어스름 번지는 길에서
한 등 한 등 타오르는 세상을

산수유 꽃등 오랑캐 꽃등 꽃다지 꽃등 자운영 꽃등 그리고 얼레지 꽃등
눈멀듯 넋을 놓을 듯
영혼이 시린 배 꽃등

그 뒤로 수만의 넘실대는 꽃물결
꽃 강물이
한 세상 여는 것을

그렇게 환히 눈뜨는 세상을
그렇게 밀려와 안기는 봄날인 것을

달의 바다

파르르 떤다
고기 떼가 푸르게 튄다
구월의 밤바다가 온통 달빛을 머금었다
몇 개의 초저녁별,
멀찍이 떨어져 지켜 섰는데

달의 한가위가 힘겨웠나 보다 오늘은 달이 지난 보름을 앓고 있다 달의 뺨이 눈에 띄게 야위었다 창백하다 못해 파리하다 뺨의 여린 실핏줄이, 가늘고 파란 실금이
달의 얼굴에서 파르르 떤다

지구에까지 파장이 밀려온다
빛살이 하염없이 쏟아진다 소름이 튄다
와글와글 소리 없이 들끓는다

마음 심쿵하도록
빛살의 떼
물결의 잔등 어루만지며

그렇게 달의 바다에서
몇 개의 별이 더 멀찍이서 깜박이면서

내 생애의 무늬

밤하늘 휘몰아친 별 무더기 사이에서
유난히 밝게 투명하게 발하는 빛
수만의 시간이 별을 떠나
지금 여기 온전히 자리 밝히는 저 빛
하여 나의 생애는 시간의 무늬를 더듬어 걸어왔다
BC 6세기 어느 날 자정의 여기서는 그 누가
삶의 무늬를 새기듯 빛났을까
AD 1208년 12월 10일 새벽의 거기서는 어떤 이들
삶의 벽돌을 한 장 한 장 쌓았을까
나는 그저 시간의 골짝을 따라 그냥 걸어도 좋다
그대로 비와 눈 맞으며 아침을 깨우고
하루치 노동으로 숨 쉬고 밤을 지새워도 좋겠다
생사가 손 놓아버린 시간의 순례객이 되어도 좋다
그냥 그렇게 직선이 아닌 완만한 능선의 발걸음을 좇으며
시간의 골짝 깊이 아로새겨지지 않아도 좋을
그런 단선의 삶에 목을 놓아도
나는 좋겠다

해설

순례자의 오래된 기억

우대식(시인)

1. 알레고리의 시학

김성찬 시인의 첫 시집 『아내의 숲』은 만만치 않은 문장력으로 서정적 세계를 구현하고 있다. 시집 곳곳에서 자신만이 딛고 있는 대지의 기운과 사유의 흔적을 새겨놓고 있다. 그의 시를 읽으며 공간과 장소를 다시 한번 생각하게 되었다. 의미 있는 공간으로서 장소란 사유의 그릇이며 세계의 중심이라는 사실을 확인하게 된다. 장소를 바탕으로 한 핍진한 사유는 그의 시를 관념과 추상으로부터 탈출하게 해주는 주요 모티브이기도 하다. 나아가 일상이라는 평범성에서 시가 나온다는 사실은 그의 시 세계를 신뢰하게 되는 계기로 작용한다. 김성찬이 끌어오는 알레고리의 사물은 대체적으로 자신이 생활하는 공간과 친숙한 것들이다. 친숙한 대상들에 대한 묘사를 통하여 한 인간의 삶의 형식과 결정체를 투명하게 보여준다.

무어 그리 복장(腹藏)에 얹힌 설움이 멍울졌길래 곱던 잇몸 다 헐었다 여린 잇속이 핏물 진다 얼마나 앙다물고 버틴 중심이었나 밤새, 저리고 또 짓물렀던지 연록의 몸통마다 피똥 지린다

그런 세월이었다 몸도 맘도 태워버린 청춘이었다
살아내야만 했던 핏발선 불볕의 한때였다
맨발로 자갈길 걸어 터진 발바닥 기우며 진동한동 다그쳐온 살 길이었다

잠시 한숨 돌리던 청하면 서정리 보경사 초입
텃밭머리의 석류나무가 글쎄 손님마마께서 내려오셨는가 얼굴이 죄다 뭉그러졌다 난치의 병을 앓는지 벌린 가슴팍마다 피고름이다 회복할 길 없어 신음도 베어 무는, 삼켰다 끝내 뱉어버린 덧나지 않는 먹먹한 절규다

—「석류나무가 글쎄」 전문

이 시는 표면적으로 보면 오래된 석류나무를 묘사하고 있

는 듯 보이지만 이면에 도사린 의미망은 한 인간의 굴곡진 삶에 대한 비유적 형상이라 할 수 있다. “곱던 잇몸이 다 헐”어 “여린 잇속이 핏물” 졌다는 석류에 대한 핍진한 묘사는 “태워버린 청춘”과 “불볕의 한때”를 통과한 삶의 흔적이라 할 수 있다. 나아가 “맨발로 자갈길 걸어 터진 발바닥 기우며 진동한동 다그쳐온” 길이란 시적 화자의 삶에 대한 비유물인 셈이다. 맨발로 거친 길을 마다않고 가쁘게 걸어 도달한 지점의 인생이란 잔인하도록 붉은 석류와 동류의 정서를 유발하는 것이다. “얼굴이 죄다 뭉그러”지고 “가슴팍마다 피고름”이 고인 석류나무에는 한 인간의 역정이 아로새겨져 있다. 석류나무가 하나의 자화상 혹은 인간상으로 변이되는 지점의 절정은 “절규”라 할 수 있다. 모든 슬픔을 안으로만 새기다 끝내 겉으로 터져 나온 상처의 흔적이 석류이며 동시에 삶의 다른 이름인 셈이다. “둥글게 몸을 만다, 완충의 비법이다/강한 충격에도 불구하고 넘칠 듯/넘치지 않는 대양 같은 점잖은 태세이다”(「공벌레의 습성으로」)로 시작한 시에서도 공벌레라는 대상은 시적 화자의 삶의 표상이다. 어둡고 습한 곳에 숨어 살다가 적이 나타나면 몸을 둥글게 마는 습성의 벌레를 통하여 세상의 풍파를 감내하며 긍정적으로 살고 싶다는 욕망을 보여주는데 이도 알레고리의 형식을 취하고 있다. 나아가 “둔덕 저편 홀로 고개 숙인, 저 흰제비꽃”(「둔덕 저편 흰제비꽃」)도 할머니에 대한 비유적 형상이라 할 수 있다. 할머니의 적막한 삶과 죽음이 “흰 제비꽃”으로 환치될 때 죽음이란 비극 너머 인생의 완성된 형식으로 드러나게 된다. 김성찬 시인의 시 속에서 알레고리적 비유는 철저히 주어진 인간의 운명을 감내하며 끝내 아름다움의 절정으로 승화시키는 방법론적 기제인 셈이다.

2. 시란 무엇인가

일상의 때를 세탁한 원고를 널었다
마르지 않은 삶의 여백을 그린
얼룩진 비유가 바지랑대에 걸려 바래어간다
햇살은 희다 못해 눈부셔 온 동네가 환하다

그렇게 썼다
아침의 비린 바람과 저녁 깃든 어둠이
가슴 시리다고
밥상머리에는 도루묵찌개가 짜글짜글 상투적이고
젓가락 내려놓는 소리는 경쾌하여 역설적이게도 모호한 상징이었다고

어쩌면 시(詩)를 쓰는 일은
마음 도랑에 앉아 젖은 일상의 때를 손바닥 핏물 배도록

손세탁하는 건지도 몰라
구겨지면 구겨진 채 땟국물 적당히 짜서
빨랫줄 높이 너는 일
지친 바람이 뒤안 대청마루 빤질한 민낯 훔치기도 하는,
얼어붙은 하늘 밑 깃털 떨구는
기러기 떼, 몌별(袂別)의 손 흔들기도 하는
그런 일 같은지도 몰라

바지랑대 높이 허공을 버티다 보면
세상을 휘돌아 온 바람은 제풀에 스미어 향이 되고
찌든 일상이 씻긴 원고는
눈이 곱고 청청한 사연으로 팔랑대다가
고무줄 느슨한 어머니 고쟁이쯤은
동무 삼아 함께 마르기도 하는 것이다
날빛도 개의치 않아
숫처녀의 단속곳도 드러내어
꾸덕꾸덕 말리기도 하는 것이다

—「바지랑대에 걸린 흰 옷자락」 전문

이번 시집에서 볼 수 있는 특징 가운데 하나는 시인으로서의 자의식과 시란 무엇인가에 대한 스스로의 질문이다. 이는 끝내 왜 사는가 혹은 어떻게 살아야 하는가와 같은 질문을 스

스로에게 부과하는 일이기도 하다. "일상의 때를 세탁한 원고를 널었다"는 첫 구절은 의미심장하다. 그의 시가 환상이나 신이를 쫓는 것이 아니라 일상에서 길어 올린 상상력을 바탕으로 하고 있음을 명확히 보여주기 때문이다. "밥상머리에는 도루묵찌개가 짜글짜글 상투적이고/젓가락 내려놓은 소리는 경쾌하여 역설적이게도 모호한 상징이었다"는 시적 고백은 일상성의 구체적 상황을 제시해 준다. 그럼에도 불구하고 이러한 일상을 잘 마름질하고 빨아 바지랑대에 걸어놓는 일이 시라는 고백을 하고 있는 것이다. 스스로 "얼룩진 비유"라고 겸허히 말하고 있지만 삶의 진리는 여기에서 멀지 않다는 것이 시인의 신념인 것이다. 하여 시 쓰는 일을 "마음 도랑에 앉아 젖은 일상의 때를 손바닥 핏물 배도록 손세탁하는" 것인지 모른다고 스스로 규정하는 것이다. 시란 새롭고 환상적인 문양의 옷을 짓는 일이 아니라 "일상의 때"를 빨아내는 일이라는 정의야말로 이 시집이 어디에서 연유하는지의 출처를 명확히 해준다. "대청마루 빤질한 민낯" 역시도 인위나 가장이 거세된 지점의 상황이라 할 수 있다. 또한 시란 "기러기 떼, 몌별(袂別)의 손 흔들기도 하는/그런 일 같은지도" 모른다는 시적 발화도 쓸쓸함을 함유하는 전통적 낭만의 맥락을 보여준다. "찌든 일상이 씻긴 원고"가 "고무줄 느슨한 어머니 고쟁이"처럼 말라간다는 것은 자신의 시 세계가 지향하는 바가 무엇인지를 명확히 드러낸다. 가장 자연에 가까운 방식 즉 손으로 빨래를

하고 햇빛에 빨래를 말리듯 시 역시도 자신의 일상을 잘 가다듬어 세상에 널어놓는 것이다. 자신의 속내를 보여주는 부끄러움을 "숫처녀의 단속곳"으로 묘사해 드러내는 부분은 절창이기도 하지만 그 절창 안에 김성찬 시인의 시론이 담겨 있다고 할 수 있다. 새로운 것, 빠른 것, 화려한 것과는 구별되는 자잘하고도 쪼잔한 일상을 마음의 도랑에서 빨아내는 일이 김성찬에게는 시인 셈이다. "내 안의 것들이/간직해둔 밀어처럼 와락 엎질러졌습니다 날것 그대로 내 안의 것들이 알몸으로 쏟아져 나와 입술 간질입니다"(「참 고운 날들」)와 같은 구절은 그의 시가 어떻게 생성되는지를 비유적으로 보여준다. 내 안의 날것은 앞서 말했듯 인위적 가공을 거부한 나라는 자연을 뜻한다. 그것의 다른 이름이 일상일 터이다. 당신과의 이별을 전제로 한 「봄날의 허기」에서 시인은 "나는 기다림을 지울 방법을 몰랐"다고 고백하고 있다. 그리고 이어 "아! 그때 들려오는 노을 물든 파도의 위로"라고 탄성을 지를 때 바로 그 "위로"가 그에게는 "보석"(「참 고운 날들」)이며 시인 것이다. 일상을 견뎌내는 위로와 힘이 시인 셈이다. "그러저럭 잘 지냄니더 글이야 죽도어판장에서 안 씀니꺼/사는 게 글 쓰는 일 아닝교"(「세월의 통화」)라는 평범한 듯 보이는 투박한 진술 속에도 시적 태도와 삶의 진실이 고스란히 담겨 있다. 그리고 시인은 다음과 같이 다짐한다. "마지막 작별의 바람이 농익어 스스로 짓물러 터질 때까진/이 발걸음의 속도 바꾸지 않을란다"(「나의 노래」)고.

3. 가족, 순례의 날들

아버지의 밥상 위로 거친 잡곡의 길이 있었다
그 길에 펄떡이는 날것의 비린내가
물이랑을 넘나들고 있었다
떼로 쏟아지는 푸른 꿈의 빛살
그 봄날, 뜨락의 살구나무에는 늦도록 꽃이 피지 않았지

뼛속까지 시려오는 냉수대의 시절
굴뚝으로 연기 오르는 시간이 갈지자로 깃들면
가난이 훈장 같던 두 칸짜리 집,
어머니의 화덕에서 말없이 구워지는 청어는
뼈째 씹어 먹어도 좋았다

오월 지난 정미소 마당에는
티밥처럼 이팝나무 꽃이 어둔 밤을 소담스레 밝혔지만
신발 끌며 가는 오누이는 바보처럼
가끔 길을 놓치곤 했다

앞바다 꼬리지느러미만 빼꼼히 내다뵈는
실한 어족의 무리가 몰려와 저문 물살 건너는데
그날 밤 꿈속에선 바다가 죄다 무너지듯
풍어의 노래가 넘실대고
끝내 들이치고 마는 것이었다

―「정미소 가는 길」 전문

『아내의 숲』에서 눈여겨볼 것 가운데 하나는 쓸쓸함을 내재한 채 이어온 가족사에 대한 담담한 묘사이다. 김성찬의 시에서 가족은 자신들이 처한 공간에서 삶을 이어온 가난한 사람들이며 주어진 숙명을 거스르지 않는 착한 사람들이다. "아버지의 밥상 위로 거친 잡곡의 길이 있었다"는 도입부는 아버지의 삶을 상징적으로 보여준다. "물이랑 넘나"드는 "펄떡이는 날것의 비린내"는 역동적인 생활의 공간과 동시에 아버지의 힘겨운 노동을 보여준다. 그럼에도 "뜨락의 살구나무에는 늦도록 꽃이 피지 않았"다는 것은 "거친 잡곡의 길"을 가는 아버지의 삶을 비유적으로 보여준다. 2연의 어머니도 마찬가지이다. "냉수대", "두 칸짜리 집"은 가난의 표상임에도 불구하고 "어머니의 화덕에서 말없이 구워지는 청어는" 어린 화자의 입장에서는 생명의 젖줄을 의미한다. 그런 의미에서 "정미소 마당"은 "오누이"의 입장에서 보면 집으로 가는 길인 동시에 풍요의 공간이다. 이팝나무가 티밥으로 비유되는 지점은 "정미소"라는 공간의 구체적 형상화라 할 수 있다. 꿈속에 무너지듯 들이치고 마는 바다는 가족의 고난이 정점으로 치달았음을 보여준다. "아비의 얼굴이/어머니의 입성이/처마에 내걸린 문패가 바람 없이도 삐뚤었다"(「부끄러움은 나의 몫」)는 고백에서도 화자의 불우한 가족사를 엿보게 된다. 이 내면화된 부끄러움이 시적 화자를 어둠과 단단한 문 저쪽에 위치하게 하는 것이다. 또한 아버지와 관련된 상상력에는 대개 바다라는 공간이 지명되고 있는데 생활 터전으로서 욕망과 좌절이 바다에서 비롯되었다는 것을 의미한다. 김성찬은 아버지 혹은 어머니에 대해 시를 쓰는 경우 최대한 감정을 숨기고 그에 준하는 등가물로 대리하고 있다. 이러한 적절한 거리는 독자로 하여금 더 많은 상상력을 동원케 하는 원동력이 된다. "아비의 저녁 밥그릇이 고요하다"(「여남 바다」)는 시구에는 아버지의 삶과 욕망이 모두 담겨 있다.

밤 깊으면 마북으로 내려오는 설레는 눈 소리 듣겠다. 아주 가끔씩 하옥을 넘던 사나흘 폭설. 주린 배 움켜잡고 골짝을 건너던 산짐승 무리의 지친 발소리 듣겠다. 산간 마을 바람벽에 내몰린 문풍지 떠는 소리 듣겠다. 볼이 단 어린 것의 단내나는 칭얼거림 같은 깊은 산의 꿈꾸는 소리 듣겠다. 그러한 잠시 문풍지 그러쥐고 귀엣말 전해주곤 북풍한설 먼 길 떠난 순례의 바람 안부도 듣겠다.

장성동 사설 노인요양병원, 가늘게 떨리는 박동의 눈금 노랗게 익어가는 링거병 저 혼자 생의 바늘을 세는 벽시계 한밤을 지새우겠다. 눈가 마른 눈물버짐 지울 길 없는 어미의 몸피 야윈 환자복 잠 못 들겠다. 창밖으론 마른기침에 가쁜 숨 허덕이는 그림자 비치겠다. 세상 뿌연 노안(老眼)의 밤이 그렇게 저물겠다. 잎 다 져 홀로인 나목(裸木), 늙은 몸피에서 살비듬 터는 소리 듣겠다.

—「순례의 밤」 전문

"마북", "하옥"이라는 정적인 공간에 눈 내리는 풍경을 그리고 있는 위 시는 마치 백석의 평안도 정주의 겨울밤 풍경처럼 시원의 동경을 유발케 한다. '듣는다'는 행위는 시각과 달리 침잠의 세계로 우리를 인도한다. 눈 소리, 배고픈 산짐승의 발소리, 문풍지 떠는 소리, 산이 꿈꾸는 소리, 순례에 나선 바람소리 등은 시적 화자의 내면적 심리 상태와 연관되어 있다. 이 침잠의 세계는 "장성동 사설 노인요양병원"에 있는 "눈가 마른 눈물버짐 지울 길 없는 어미"에게로 자연스럽게 옮겨 간다. 노란 링거병을 달고 한밤을 지새우는 야윈 어미의 몸은 이승의 마지막을 통과하는 중이다. 바람이 순례처럼 인생의 순례를 마치려는 어머니에 대한 형상은 "잎 다 져 홀로인 나목(裸木)"으로 그려진다. 이렇듯 김성찬 시인은 어머니에 대한 연민도 과도한 감정을 절제한 채 비유로 대리하는 것이다. “늙은 몸피에서 살비듬 터는 소리 듣겠다.”는 마지막 구절은 김광균 시인의 「설야」에서 “먼 곳에 여인의 옷 벗는 소리”를 연상케 할 만큼 감각적이다. 앞서 말한 알레고리와 함께 감정을 절제한 감각적 묘사는 김성찬 시인의 한 특징이라 할 수 있다.

이 시집을 읽다 보면 많은 시편에서 시인의 인생론이 담겨 있음을 알 수 있다. “분교를 지키는 풍금의 페달 소리가 좋다”(「나는 낡은 소리가 좋다」)고 고백할 만큼 김성찬의 시는 지나온 낡은 소리에 대한 탐구이며 이 낡은 소리는 시인이 인식한 삶에 대한 비유라 할 수 있다. 삶이라는 문제에 대한 끝없는 의문과 탐구야말로 모든 예술의 기원이 될 터이다.

> 틈을 둔다, 안과 밖은 경계를 허물고
> 죽음은 생사를 넘어 꿈의 결로 스민다
> 항상 죽음에 가까우니 잔영은 사라지지 않는다
> 어제 만났던 네가 오늘은 주검이 되어 곁에 머무르고
> 지나가 버린 것은 차가운 숨결로 스미어
> 바투 다가오는 것의 틈을 연다
> 죽음에 기대어 숨을 쉰다
>
> —「겨울 한밤」 부분

“안과 밖”의 경계가 허물어졌다는 것은 삶과 죽음의 경계가

허물어졌다는 의미가 될 터이다. 이는 자신의 삶을 성찰한 결과물로서 "죽음에 기대어 숨을 쉰다"는 탁월한 시구를 만들어내기에 이른다. 이러한 성찰은 인생은 쓸쓸한 것이라는 인식을 불러오기도 하고 더러는 탈속의 지경을 보여주기도 한다. "길을 잃어 차갑게 식어버렸네"(「쓸쓸한 저물녘」)라는 시적 진술은 전자에 해당할 것이며 "저만치 밀쳐두면 生은 한데서도 의젓"(「겨울나기」)하다는 진술은 후자에 해당할 것이다. 이 두 가지 태도는 시집 전체를 관통하며 사물과 대상에 투여된다. 김성찬이 자주 쓰는 '아득하다'는 말 또한 안과 밖의 경계가 사라진 상태에서 바라본 비분별의 인식이라 할 수 있을 것이다. 시인에게 인생이란 운명적 한계라는 안타까움과 동시에 공허한 세계까지 수렴해야 하는 이중의 과제인 셈이다.

평범한 일상 속에서 길어 올린 사유(思惟)가 더 깊은 울림을 주는 경우가 있다. 김성찬의 이 시집이 그러하다. 번잡함을 생략한 채 선명하게 그려진 시들이 더 눈길이 간다. 하여 이 시집을 읽는 이의 마음도 조금은 쓸쓸함 쪽으로 기울 것이라 본다. 멀리 바닷물이 밀려왔다 밀려가는 주인 없는 외딴방으로 그리고 겨울의 나라로 우리를 초대하리라 믿는다.

문학의전당 시인선 376

아내의 숲

ⓒ 김성찬

초판 1쇄 인쇄 2024년 3월 7일
초판 1쇄 발행 2024년 3월 14일
지은이 김성찬
펴낸이 고영
디자인 헤이존
펴낸곳 문학의전당
출판등록 제448-251002012000043호
주소 충북 단양군 적성면 도곡파랑로 178
전화 043-421-1977
전자우편 sbpoem@naver.com

ISBN 979-11-5896-636-2 03810